"La Visione
è quella linea retta
che unisce me
al mio Successo"

Gianluca Caprasecca

Questa guida è stata ideata e scritta interamente da me ,ho utilizzato l'IA per rivedere dei contenuti che mi sembravano prolissi, cosi facendo ho potuto racchiudere in 72 pagine il modello di Business del Networker che ho adottato nel corso degli anni e mi ha portato ad essere sempre performante sui risultati ottenuti.
Ti aiuterà nel passaggio da semplice incaricato/a
a Leader di Successo.

anno 2023 - 1ª Edizione
Autore Gianluca Caprasecca

"Questa opera è pubblicata direttamente dall'autore tramite la piattaforma di Self-publishing e l'autore detiene ogni diritto della stessa in maniera esclusiva. Nessuna parte di questo libro può essere pertanto riprodotta senza il preventivo assenso dell'autore."
"All rights reserved 2023"

" 20 anni di esperienza nel network,
45 anni passati a Vendere,
15 anni passati a studiare la Comunicazione.
Vi presento
La prima guida pratica, veloce, concreta, per non perdere tempo con "fuffa guru" e corsi da migliaia di euro!

Gianluca Caprasecca
(Esperto in Tecniche di Vendita e Comunicazione)

Ciao ,ti ringrazio per il tuo acquisto,

Non posso dimenticarmi di quando cominciai a fare network marketing quanti dubbi e quante false credenze avevo.
Erano posizioni mentali dure da abbattere ma il mio Sponsor Francesco mi fece capire fin da subito che dovevo avere "fiducia" di un sistema che non conoscevo e che non aveva nulla a che fare con l'imprenditoria tradizionale.
Mi fidai del suo temperamento , un imprenditore di vecchio stampo che a sessantasette anni si era rimesso in gioco nel network marketing.
Mi diceva sempre :
"Gianluca questo è il tuo futuro"e cosi è stato.
Impegno dedizione e studio si sono trasformati , negli ultimi quindici anni, in indipendenza, viaggi e soldi, per la mia famiglia e per me.
Perchè quindici e non venti anni ? i primi cinque io e mia moglie li abbiamo passati a costruire la rete.

**Dedico questa guida
"all'AQUILA REALE"
come chiamavamo tutti
il SOARING MANAGER
"FRANCESCO GUARNACCIA"
AMICO E SPONSOR.**

PERCHE' NASCE QUESTA GUIDA

Dopo aver fatto sia il relatore che il formatore per migliaia di networker nel corso degli anni, ho fatto alcune riflessioni che mi hanno portato ad immaginare uno strumento che tagliasse di netto il fatidico tempo per crescere professionalmente nel network.

Lo Sponsor è molto importante per il Networker, è la persona che ti apre il mondo del network. Può succedere però che ci si discuta oppure sia territorialmente lontano e non si crei quell'empatia necessaria a continuare a lavorare insieme.

Ho visto nel tempo molte persone valide scoraggiarsi perchè non si sentivano seguite, non avevano le giuste informazioni o arrivavano in modo molto lento.

So di Networker che hanno perso soldi perchè non conoscevano il piano marketing o non raggiungevano qualifiche perchè ignoravano la sequenza degli scatti nelle qualifiche.

Addirittura alcuni Team si sono disgregarsi perchè non sapevano come gestire il Successo.

Ecco alcune delle criticità di questa fantastica attività ed ho speso molte energie per trovare le cause principali:

LA FACILE E CORRETTA INFORMAZIONE E L'EMPATIA!

Al networker mancano
il vocabolario comune specifico e la giusta empatia!
E' da qui che nasce questa Guida,
fatta di spot informativi e formativi, semplici e lineari, indicata per chi HA BISOGNO DI LAVORARE!!!
e che non ha tempo da investire in formazioni e corsi non mirati lunghi e laboriosi.

Ora hai una guida da consultare per avere un vero e proprio filo di Arianna che ti permette di essere sempre pronto/a con la giusta informazione. Gli spunti ti serviranno per tenere viva la tua voglia di progredire, di crescere di ricercare il meglio delle informazioni per le tue esigenze. Leggerla, consultarla sempre, e condividerla con tuoi collaboratori sarà la base del tuo Successo!
BUON LAVORO

GIANLUCA CAPRASECCA

La Guida del Networker

da Networker a Leader

Argomenti trattati:

AUTOSTIMA	pag 6-7
PRESENTE E PASSATO	pag 8
MOTIVAZIONE	pag 9-10
VALUTAZIONE PERSONALE INIZIALE	pag 11-17
IL MIO PERCHE'	pag 18-26
MINDSET	pag 27-32
COMUNICAZIONE	pag 33-37
PNL	pag 38-41
LE PRIME AZIONI NEL NETWORK MARKETING	pag 42-43
IMPORTANZA DEL PRODOTTO/SERVIZIO	pag 44-46
IMPORTANZA DEL PIANO MARKETING	pag 47-48
IMPORTANZA DELLA COMPANY POLICY	pag 49
IMPORTANZA DELLA MISSION	pag 50
PROGRAMMAZIONE DELLA TUA ATTIVITÀ	pag 51-54
VERIFICA	pag 55
GRATIFICAZIONE	pag 56
GESTIRE LE OBIEZIONI	pag 57-50
GESTIRE IL TEAM	pag 60-61
LE REGOLE	pag 62-63
SAPER DELEGARE	pag 64
AGGREGAZIONE	pag 65
SOCIAL NO SOCIAL	pag 66
FORMAZIONE	pag 67
IL LEADER	pag 68
RIFLESSIONI	pag 69

Autostima - Perchè tendiamo sempre a non piacerci?

La tendenza a non piacerci o ad essere critici nei confronti di noi stessi è un'esperienza comune per molte persone ed è influenzata da diversi fattori psicologici e sociali. Alcuni dei motivi principali :

Spesso ci poniamo **standard molto elevati** per noi stessi, che possono essere irrealistici o perfezionisti. Questi standard elevati possono portare a una percezione negativa di sé quando non siamo in grado di raggiungerli.

Le persone tendono a **confrontarsi con gli altri**, specialmente attraverso i social media, dove spesso vediamo solo i successi e i punti migliori delle vite degli altri. Questo può portare a una percezione distorta di sé e all'insoddisfazione.

La voce **critica interna**, o il "giudice interno," può essere molto dura con se stessi. Questa voce può amplificare i sentimenti di insicurezza e auto-critica.

Eventi passati, traumi o esperienze negative possono influenzare la nostra autostima e la percezione di sé stessi.

A volte, le **aspettative degli altri** o la pressione sociale possono portare a una bassa autostima o a sentimenti di inadeguatezza.

Gli **standard** di bellezza e successo promossi **dalla cultura e dai media** possono contribuire a una percezione negativa di sé stessi quando non ci si adatta a questi ideali.

Alcune persone usano **l'autocritica come forma di motivazione**, credendo che essere severi con se stessi li spinga a migliorare. Tuttavia, questo approccio può essere dannoso a lungo termine.

Per sviluppare una migliore autostima e imparare a piacerci di più, può essere utile lavorare sulla consapevolezza di questi fattori e cercare di affrontarli in modo positivo, questo ti porterà ad avere una migliore relazione con te stesso/a.

Cominciano i conflitti?

*Può succedere che
quando cominci a rapportarti con le persone
ti vengano molti pensieri, ma ricordati :
punta su di te,
scommetti su di te!*

Prendi consapevolezza del nuovo percorso che hai deciso di fare per costruire il tuo Business.

Prendi qualsiasi dubbio e fallo diventare la una spinta verso la tua certezza!!!

La certezza di creare qualcosa da zero!!!

Concentrati su questo:
Perchè il mio Presente è più importante del passato?

Ciò che desideri nel presente e nel futuro è più importante del tuo passato per diversi motivi:

Orientamento verso il futuro:
Nel tuo presente e nel tuo futuro puoi effettuare cambiamenti e prendere decisioni.
Non vivere il presente pensando al passato, concentra il tuo focus sul presente e sul futuro e questo ti consentirà di lavorare attivamente verso i tuoi obiettivi e aspirazioni.

Crescita e sviluppo:
Il desiderio di migliorarsi, crescere e svilupparsi è una parte naturale della vita umana. Concentrarsi su ciò che si vuole ottenere o realizzare nel futuro può servire come motivazione per lavorare su di sé e perseguire nuove opportunità.

Auto-realizzazione:
Avere obiettivi e aspirazioni nel presente e nel futuro ti dà un senso di scopo e realizzazione personale. Cercare di raggiungere ciò che desideri può portare a una vita più appagante e significativa.

Adattamento al cambiamento:
La vita è in continua evoluzione, e ciò che desideri può cambiare nel tempo. Essere flessibili e adattarsi ai nuovi obiettivi e alle nuove situazioni è essenziale per il benessere e la felicità.

Realizzazione personale:
Il perseguimento dei tuoi desideri personali può portare a una maggiore soddisfazione e senso di realizzazione nella vita. È importante cercare ciò che ti rende felice e soddisfatto/a.

Mentre il passato può fornire importanti lezioni ed esperienze, è il tuo presente e il tuo futuro che ti offrono l'opportunità di creare la vita che desideri. Tieni conto delle tue esperienze passate come parte del tuo bagaglio, ma non permettere che il passato limiti le tue aspirazioni o il tuo potenziale per il futuro.

Come definisco e scopro la mia giusta motivazione?

*La motivazione è un'esperienza personale e soggettiva, che varia ovviamente da individuo a individuo.
Tuttavia, ci sono alcune linee guida generali per definire e scoprire la giusta motivazione:*

Rifletti sulle tue passioni:

*chiediti cosa ti appassiona davvero,
cosa ti rende entusiasta e ti fa sentire vivo/a,
perchè identificare le tue passioni è spesso un passo importante verso la scoperta della motivazione.*

Stabilisci obiettivi significativi:

gli obiettivi chiari e significativi possono essere una fonte potente di motivazione. Chiediti cosa vuoi raggiungere nella vita e quali traguardi sono davvero importanti per te.

Conosci i tuoi valori:

I tuoi valori personali giocano un ruolo fondamentale nella motivazione. Identifica quali sono i tuoi valori principali e cerca di allineare i tuoi obiettivi e le tue azioni con essi.

Trova ispirazione:

guarda a modelli di ispirazione, persone o storie che ti motivano. Questi esempi positivi possono aiutarti a identificare ciò che desideri e a trovare la tua motivazione.

Sperimenta nuove cose:

a volte, esplorare nuove attività o interessi può aiutarti a scoprire nuove fonti di motivazione. Non avere paura di provare cose diverse per vedere cosa ti entusiasma di più.

Chiedi aiuto professionale:

se hai difficoltà a identificare o mantenere la motivazione, considera di consultare un professionista, come uno psicologo o un coach, che può aiutarti a esplorare le tue sfide e obiettivi personali.

Tieni un Agenda:
tenere un Agenda delle tue riflessioni, obiettivi e progressi può aiutarti a mantenere traccia della tua motivazione e ad identificare ciò che funziona meglio per te.

Ricorda il "perché":
ripetiti sempre il motivo per cui stai facendo ciò che fai.
Spesso, avere una chiara comprensione del "perché" può aumentare la motivazione.

Cerca l'equilibrio:
trova un equilibrio tra la motivazione intrinseca (quella che proviene da dentro di te) e quella estrinseca (come ricompense esterne o riconoscimenti).
La motivazione più sostenibile solitamente proviene da un'autentica passione e interesse per ciò che stai facendo.

Sii paziente:
scoprire la giusta motivazione può richiedere tempo e sforzo. Non scoraggiarti se non la trovi subito; continua a esplorare e ad adattarti finché non trovi ciò che ti motiva veramente.

Ricorda che la motivazione può variare nel tempo e in diverse situazioni, quindi è importante restare flessibili e adattarsi alle tue esigenze e aspirazioni in continua evoluzione.

Avere le idee chiare...

Come vedi questi spunti di riflessione e conoscenza ti aiutano a scoprire e definire il tuo asset mentale.
Questo è un passaggio ineluttabile per cominciare a fare network,
definisci dentro di te la tua Forza interiore, la tua voglia di riscatto!

Ora scrivi con una matita* nelle pagine seguenti ciò che per te è veramente importante,
le cose scritte hanno un valore sacro nel tuo "Adesso!"

*perchè la matita?
Semplicemente perchè il network marketing porta <u>l'evoluzione del pensiero</u>, ciò che scrivi oggi un domani potrà modificarsi e tu potrai correggere!

I miei Ideali

A piccoli passi costruirai
tutto ciò che desideri
sii paziente,
lavora duro
mettici amore, investi tempo,
sposa il processo
e distaccati dal risultato.

Rimani con il focus, non fare
ciò che non è utile al tuo obiettivo
godi di ogni singola sconfitta
perchè quando arriverà il tuo momento
tutto sarà ancora più magico!

Cristina Caprasecca

I miei Valori

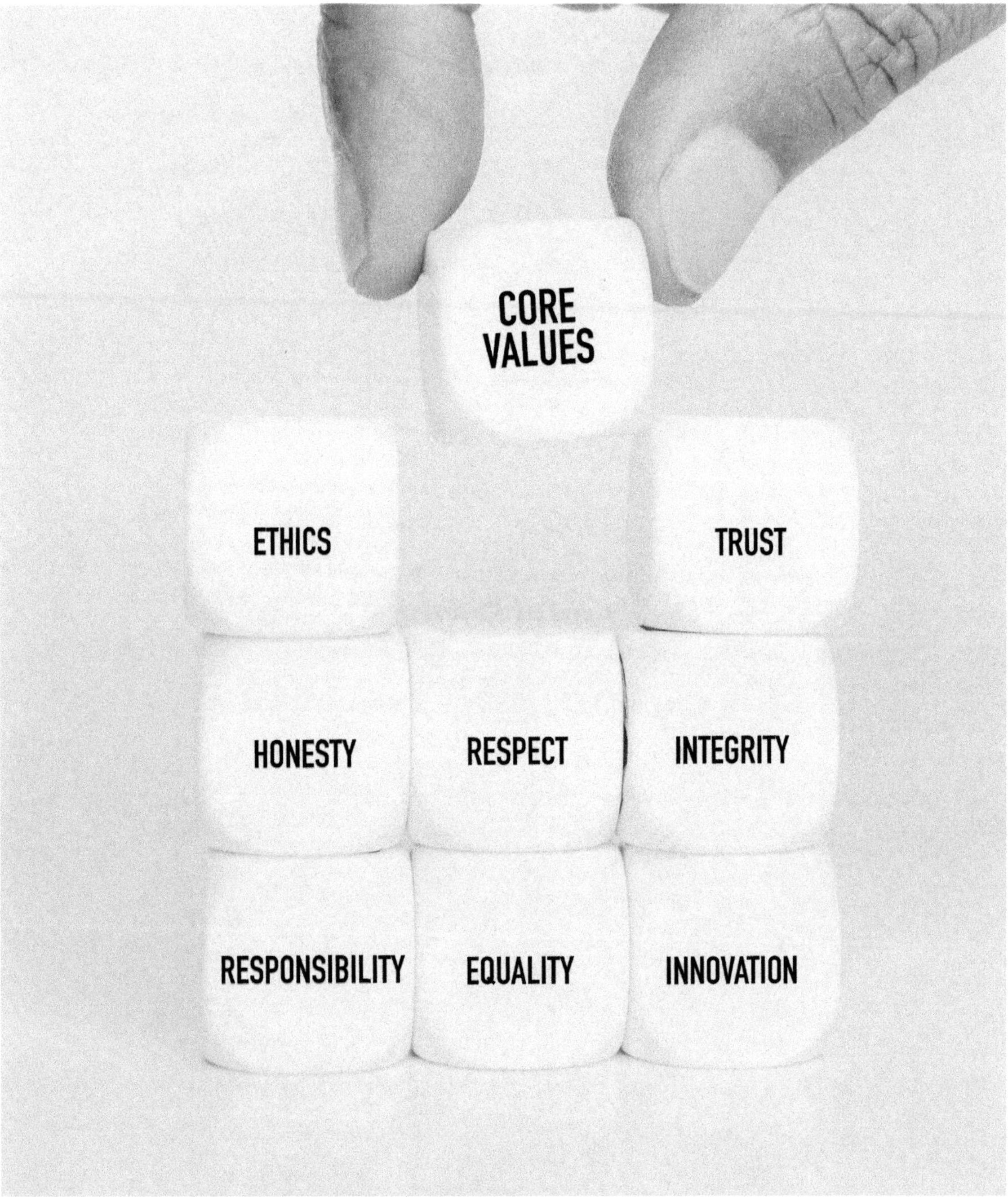
CORE
VALUES
ETHICS
TRUST
HONESTY
RESPECT
INTEGRITY
RESPONSIBILITY
EQUALITY
INNOVATION

I miei Obiettivi

I miei Sogni

Ognuno di noi
ha un paio di ali,
ma solo chi sogna
impara a volare

Jim Morrison

E' fondamentale che tu conosca il tuo Perchè:

Quanto è importante conoscerlo?
Anni fa conducevo dei colloqui personali con dei miei collaboratori, per capire come mai avessero difficoltà nel raggiungere i loro obiettivi.
Quando chiedevo " quale è la tua motivazione?"
mi rispondevano sempre con un motivo plausibile: per i figli, per avere più soldi, per pagare il mutuo etc etc.
Erano grandi motivazioni, ma non bastavano, non c'erano progressi, allora facevo la fatidica domanda:
Perchè?
Perchè per i figli?
Perchè per il mutuo?
Perchè per i soldi?
Entravano tutti in crisi.
Capivano che non avevano definito il loro "Perchè!"
usciva fuori qualcosa di semplicemente liberatorio:

per i figli:
non era per i figli, per potergli comprare le cose , ma era semplicemente una rivalsa sulla vita, perchè quando loro erano figli non avevano ricevuto grandi cose dai genitori, perciò il loro "Perchè" era prendersi una rivincita su quello che la vita gli aveva negato!

Mutuo:
non era il mutuo, era
"Perchè" volevano raggiungere la possibilità di poter comprare qualcosa in contanti senza indebitarsi per 30 anni.
e cosi via.
Chi trova il suo "Perchè" è come se di punto in bianco montasse il turbo sulla sua Motivazione!!!
Trova il tuo Perchè!

Come faccio a definire il mio "Perchè"?

Definire il tuo "Perché" o la tua ragione fondamentale per fare ciò che fai richiede introspezione e riflessione. Ecco alcuni passi che puoi seguire per aiutarti a scoprire il tuo "perché":

Fai domande profonde:
inizia con una serie di domande profonde su te stesso.
Cosa ti rende davvero felice?
Quali sono i momenti più significativi della tua vita?
Cosa ti preoccupa o ti appassiona profondamente?

Rifletti sulle tue passioni:
considera ciò che ti appassiona. Cosa ti fa sentire più vivo?
Quali sono gli interessi o le attività che non ti stancheresti mai di fare?

Rifletti sui tuoi valori:
pensa ai valori che sono più importanti per te.
Cosa ritieni sia giusto e significativo nella vita?
I tuoi valori possono essere una guida preziosa per comprendere il tuo "perché".

Ricorda i momenti chiave:
rifletti su eventi o momenti chiave nella tua vita in cui ti sei sentito/a particolarmente ispirato/a o realizzato/a.
Cosa facevi in quei momenti?
Qual'era la tua motivazione in quel contesto?

Immagina il tuo futuro ideale:
prova a immaginare come vorresti che fosse la tua vita ideale in futuro. Cosa stai facendo?
Come stai contribuendo al mondo o alla comunità?

Ascolta il tuo istinto:
a volte, il tuo "perché" può emergere da un'intuizione o da un sentimento profondo.
Presta attenzione a ciò che il tuo istinto sta cercando di comunicarti.

Cerca feedback esterni:
parla con amici, familiari o un consulente di fiducia.
A volte, gli altri possono offrire una prospettiva diversa su ciò che vedono come il tuo "perché".

Scrivi un diario:
tenere un diario delle tue riflessioni, pensieri e sensazioni può aiutarti a mettere a fuoco il tuo "perché" nel tempo.

Sii paziente:
scoprire il tuo "perché" può richiedere tempo e auto-comprensione.
Non avere fretta e accetta che la tua comprensione di te stesso può evolversi.

Una volta che hai una migliore comprensione del tuo "perché", puoi usarlo come guida per prendere decisioni più significative, stabilire obiettivi personali e lavorare verso una vita più appagante e centrata sui tuoi valori e passioni,
insomma, acquisisci più POTERE sulla tua vita!

Steve Jobs e i suoi puntini,
un discorso che non dimenticherò mai, perchè da quel momento ho avuto una visione chiara di ciò che dovevo cercare e come cercarlo dentro di me.
La famosa affermazione di Steve Jobs, il creatore dell'iPhone e co-fondatore di Apple, sulla connessione dei puntini è stata fatta in un discorso di ispirazione tenuto a dei giovani nel 2005. Jobs ha condiviso la sua esperienza di vita e ha sottolineato l'importanza di seguire la propria intuizione e la propria passione.

La citazione chiave di Jobs in quel discorso è la seguente:

"Non puoi collegare i puntini guardando avanti; puoi farlo solo guardando indietro. Quindi devi fidarti che i puntini si collegheranno in futuro. Devi avere fede in qualcosa: il tuo istinto, il destino, la vita, il karma, qualsiasi cosa. Questo approccio non mi ha mai deluso, e ha fatto tutta la differenza nella mia vita."

Jobs intendeva che, mentre stiamo affrontando le sfide della vita e prendendo decisioni, potremmo non vedere immediatamente come tutti i dettagli si collegano. Tuttavia, con il tempo, guardando indietro, spesso possiamo riconoscere come le esperienze passate e le decisioni prese abbiano contribuito a determinare il nostro percorso.
L'idea fondamentale è quella di seguire la propria intuizione, fare scelte basate sulla passione e avere fiducia che tutto si collegherà in modo significativo nel lungo termine.
Questa filosofia è stata un elemento importante nella vita e nella carriera di Steve Jobs e l'ho fatta mia!

Il mio Perchè

Pag.23

Può succedere che:
*Vuoi metterti in gioco ma non hai uno Sponsor che ti capisce,
non hai un familiare o amico a cui chiedere,
non abbandonare il tuo progetto , sappi che ci sono i professionisti che possono darti i giusti suggerimenti*

Può ad esempio un Psicologo/a aiutarmi nella mia crescita personale e lavorativa?

*Assolutamente si, uno psicologo/a può essere un valido supporto.
Ecco come uno psicologo può contribuire ad entrambi gli aspetti:*

Crescita personale:

Miglioramento dell'autostima:

uno psicologo può aiutarti a comprendere meglio te stesso/a, identificare le tue forze e debolezze, e lavorare sulla tua autostima e fiducia in te stesso.

Gestione dello stress:

imparare a gestire lo stress e le emozioni può migliorare notevolmente la tua qualità di vita. Uno psicologo può insegnarti tecniche di gestione dello stress e di rilassamento.

Risoluzione dei problemi:

affrontare problemi personali e trovare soluzioni può essere un processo complesso. Uno psicologo può guidarti attraverso questo processo, offrendo un punto di vista obiettivo e competenze nel problem solving.

Sviluppo delle relazioni interpersonali:

migliorare le tue competenze nelle relazioni interpersonali è fondamentale per la crescita personale. Uno psicologo può aiutarti a comprendere meglio le dinamiche relazionali e a sviluppare abilità di comunicazione più efficaci.

Sdoganiamo la figura di questi psicologi che sono legati all'immaginario collettivo di chi sta male con la testa,

Perciò quando cercare un Psicologo/a?

Sicuramente quando senti che ti serve una mano
per capire cose di **TE** importanti
che non ti stanno facendo progredire verso la tua
crescita personale..
Sono percorsi brevi e valuta sempre personalmente
se chi hai scelto come
professionista può essere effettivamente la persona giusta
per ciò che ti serve,
senno' cambi!

In America ogni cittadino ha il suo psicologo/a, perchè viene visto nella figura che è realmente:
un professionista che ci ascolta quando dobbiamo prendere decisioni , iniziare percorsi o abbiamo problematiche importanti da cui ne vogliamo uscire.

Crescita lavorativa:

Orientamento professionale:
uno psicologo/a può aiutarti a esplorare le tue opzioni di carriera, ad identificare i tuoi obiettivi lavorativi e aiutarti a sviluppare un piano di carriera.

Gestione dello stress lavorativo:
il supporto psicologico può essere prezioso per affrontare lo stress legato al lavoro e può migliorare le tue capacità di copiare dalle persone di Successo e mantenere un equilibrio tra vita professionale e privata.

Sviluppo delle abilità:
uno psicologo/a può collaborare con te per sviluppare abilità chiave per il lavoro, come la gestione del tempo, la leadership, la comunicazione efficace e la risoluzione dei conflitti.

Affrontare sfide professionali:
se stai affrontando sfide specifiche sul lavoro, come conflitti con colleghi o sovraccarico di lavoro, uno psicologo/a può aiutarti a sviluppare strategie per superarle.

Miglioramento delle prestazioni:
migliorare le tue prestazioni lavorative è spesso un obiettivo importante. Uno psicologo/a può lavorare con te per identificare gli ostacoli e le potenzialità che possono migliorare le tue prestazioni.

Questa figura professionale può riuscire a farti vedere le tue criticità e suggerirti percorsi formativi dedicati anche con altri professionisti.

Come vedi , quando si parla di miglioramento personale non devi mai lasciare nulla al caso.
Cercare il meglio per se stessi è un Atteggiamento mentale (Mindset) vincente.

Ora vediamo che tipo di Mindset serve per fare network marketing?

Il mindset che può essere utile per avere successo nel network marketing è spesso chiamato
"mindset imprenditoriale" o "mindset di successo ".
Questo tipo di mindset include le seguenti caratteristiche:

Determinazione:
essere determinati significa essere disposti a lavorare duramente, a superare le sfide e a non arrendersi di fronte alle difficoltà.
Potresti incontrare rifiuti o ostacoli, ma la determinazione ti spingerà a perseverare, ad andare oltre!

Orientamento al risultato:
un mindset orientato al risultato ti aiuta a fissare obiettivi chiari e a lavorare costantemente per raggiungerli.
Devi essere focalizzato sui risultati desiderati e disposto a prendere decisioni e fare azioni concrete per raggiungerli.

Autodisciplina:
l'autodisciplina è fondamentale poiché spesso lavorerai in modo autonomo e dovrai gestire il tuo tempo ed energie.
Questa abilità ti aiuta a rimanere concentrato e a mantenere la produttività. Diventane consapevole e potrai insegnarla.

Mentalità di crescita:
una mentalità di crescita implica la volontà di imparare, migliorare e adattarsi alle nuove sfide. Devi essere aperto/a all'apprendimento continuo e disposto/a a sviluppare nuove abilità.

Capacità di gestire il rifiuto:
potresti affrontare il rifiuto da parte di potenziali clienti o distributori.
Ma è solo temporaneo, di quel momento.
Il contadino ci mette due mesi per preparare la terra alla semina e poi attende pazientemente 6 mesi per la probabile raccolta.

Abilità di comunicazione:
essere in grado di comunicare in modo efficace è cruciale -
Devi essere in grado di presentare il tuo prodotto o servizio in modo chiaro e convincente e di stabilire relazioni con le persone.

Mentalità positiva:
una mentalità positiva ti aiuta a rimanere ottimista e a gestire lo stress o le sfide con serenità.
Può anche influenzare positivamente le tue interazioni con gli altri.

Flessibilità:
nel network le cose possono cambiare rapidamente.
Essere flessibili e adattabili è importante per affrontare situazioni inaspettate o nuove opportunità.

Focus sul valore:
concentrati sulla creazione di Valore per i tuoi clienti o distributori.
Questo significa mettere al centro le esigenze degli altri e cercare di risolvere i loro problemi o soddisfare i loro bisogni.

Collaborazione:
anche se il network marketing può sembrare un'attività individuale in realtà non lo è.
La capacità di collaborare con il tuo team o con altri distributori può portare a risultati migliori.
Sii disponibile a condividere conoscenze ed esperienze, ricorda disponibile non a disposizione!

In conclusione, questa Attività richiede un mindset specifico che combina elementi imprenditoriali, orientati al successo e basati sulla resilienza.
Sviluppare queste caratteristiche è fondamentale per avere successo!

Perciò Parliamo un pò di mindset.....

*Il mindset, tradotto in italiano come "mentalità" o "atteggiamento mentale," è la mentalità o il modello di pensiero che una persona ha nei confronti della vita, delle sfide, delle opportunità e di se stessa.
Esso influisce sul modo in cui una persona interpreta e reagisce alle situazioni, e può avere un impatto significativo sul comportamento e sul successo.
Ci sono **due tipi principali** di mindset comunemente discussi:*

Mindset fisso (Fixed Mindset):
*le persone con un mindset fisso tendono a credere che le
loro abilità, talenti e intelligenza siano fisse e immutabili.
Di conseguenza, possono evitare sfide che temono di
non essere in grado di superare e
possono reagire negativamente ai fallimenti, poiché li vedono come
un indicatore di incapacità intrinseca.*

Mindset di crescita (Growth Mindset):
*le persone credono che le abilità possano essere sviluppate attraverso l'impegno, la pratica e l'apprendimento continuo. Vedono i fallimenti come
opportunità di apprendimento e affrontano le sfide
con determinazione.
Il mindset di crescita è spesso associato a una maggiore resilienza, motivazione e successo nel perseguire obiettivi,
poiché favorisce la volontà di imparare e migliorarsi costantemente.
Tuttavia, è importante notare che il mindset
può variare tra le persone e in diverse aree della vita.
Iniziare a lavorare attivamente per sviluppare un mindset
di crescita, ti favorirà nel lavoro e nella vita accrescendo la tua professionalità e personalità.*

È vero che qualsiasi successo personale deriva dal giusto mindset?

Sicuramente, ma non è l'unico fattore coinvolto.
di seguito alcune considerazioni.

Abilità e competenze o comunemente dette Skills:
è importante possedere le abilità e le competenze necessarie per raggiungere i tuoi obiettivi.
Puoi avere la mentalità giusta, ma se non hai le capacità richieste, potresti lottare nel conseguire il successo.

Programmazione e azione:
il successo spesso richiede una programmazione accurata e conseguenti azioni per raggiungere gli obiettivi. Un mindset positivo può motivarti ad agire, ma è l'azione concreta che porta ai risultati desiderati.

Opportunità e circostanze:
le opportunità e le circostanze esterne possono influenzare il tuo successo. A volte, nonostante il miglior mindset, potresti dover affrontare ostacoli che non dipendono da te.

Rete di supporto:
avere una rete di supporto, inclusi amici, familiari o colleghi, può influenzare notevolmente il tuo percorso verso il successo. Il supporto sociale può fornire incoraggiamento, risorse e opportunità.

Determinazione e adattabilità:
la determinazione e la capacità di adattarsi alle sfide sono essenziali. Il successo può comportare fallimenti e ostacoli, ma un mindset resiliente ti aiuterà a superarli.

Il successo personale dipende da una combinazione di mindset, abilità, azione, opportunità e supporto. È la sinergia tra questi elementi che ti porterà ai risultati desiderati.

Come posso rinforzare il mio mindset?

Rinforzare il tuo mindset richiede impegno e pratica costante. Ecco alcuni suggerimenti per aiutarti a svilupparlo più forte e positivo:

Consapevolezza di te stesso/a:
comincia con la consapevolezza di te stesso/a.
Riconosci i tuoi pensieri, le tue convinzioni e le tue emozioni attuali.
Identifica gli aspetti del tuo IO ora che desideri migliorare.

Pensiero positivo:
sfida e sostituisci i pensieri negativi con quelli positivi. Cerca il lato positivo delle situazioni e mantieni un atteggiamento ottimista.

Auto-motivazione:
impara a motivarti da solo/a. Definisci obiettivi chiari e utilizza l'auto-motivazione per mantenerli. Visualizza il tuo successo.

Apprendimento continuo:
sviluppa la tua mente attraverso l'apprendimento continuo. Leggi libri, segui corsi, ascolta podcast o partecipa a seminari per espandere le tue conoscenze.

Resilienza:
sviluppa la resilienza per affrontare le sfide. Accetta i fallimenti come opportunità di crescita e sperimenta nuove soluzioni.

Meditazione e mindfulness:
applicati nella meditazione: fai piccoli passi nella meditazione, essa può aiutarti sul presente, ridurre lo stress e migliorare la tua concentrazione mentale.

Affrontare le paure:
ildentifica la tua zona confort e impara ad uscirne , ti servirà ad affrontare le tue paure e sfide , sviluppando più fiducia in te stesso/a.

Circondati di persone positive:
le persone con cui passi il tempo possono influenzare il tuo mindset. Cerca relazioni positive e di supporto.

Mantenimento di un Agenda:
tieni un Agenda in cui registri i tuoi obiettivi, i tuoi progressi e i tuoi pensieri, i tuoi appuntamenti, le tue strategie. Questo può aiutarti a tracciare il tuo sviluppo e mantenere la motivazione.

Pratica la gratitudine:
ogni giorno, rifletti su cosa sei grato/a. Questo può contribuire a creare un mindset più positivo.

Rinforzare il mindset richiede tempo e perseveranza. Lavorare su queste abitudini e pratiche può aiutarti a svilupparlo più forte e resiliente nel tempo.

Quanto è importante la Comunicazione nel network marketing?

La comunicazione è un aspetto fondamentale nel network marketing. Ora vediamo il perché :

Presentazione del prodotto o servizio:

*nel network marketing, devi essere in grado di presentare in modo chiaro e convincente il prodotto o servizio che rappresenti.
Una comunicazione efficace aiuta a trasmettere il valore e i benefici del prodotto/servizio agli altri.*

Stabilire relazioni:

saper comunicare è alla base delle relazioni interpersonali. Nel network marketing, è importante costruire relazioni solide con i tuoi potenziali clienti e distributori. Comunicare in modo aperto e autentico contribuisce a creare fiducia e credibilità.

Reclutamento:

se stai cercando di reclutare nuovi distributori nel tuo team, la comunicazione è essenziale. Devi essere in grado di spiegare il modello di business, condividere i benefici dell'opportunità e rispondere alle domande in modo completo ed efficace.

Comunicazione nel Follow-up:

il follow-up con potenziali clienti o distributori è una parte cruciale. La comunicazione continua (non ossessiva) ti consente di mantenere un rapporto e di individuare ulteriori opportunità di vendita o reclutamento.

Risoluzione dei problemi:

inevitabilmente, avrai problemi o domande dai tuoi clienti o distributori. La comunicazione efficace ti permette di gestire queste situazioni in modo professionale e risolvere i problemi in modo soddisfacente, ma ricorda che ci vuole tempo per tutto.

Formazione e supporto:

se stai costruendo un team, la comunicazione è fondamentale per fornire formazione, supporto e orientamento ai tuoi colleghi. Devi essere in grado di trasmettere conoscenze e rispondere alle loro esigenze in modo semplice, vero e veloce.

Mentoring:

la comunicazione è importante anche se sei coinvolto in un rapporto di mentoring con altri colleghi.
Devi essere in grado di condividere le tue esperienze, dare consigli e supportare la crescita dei tuoi colleghi.

Consapevolezza del marchio:

una comunicazione efficace può contribuire a creare consapevolezza del tuo Brand personale e dell'azienda che rappresenti.
Utilizza piattaforme online, social media e altri mezzi per raggiungere un pubblico più ampio, dai spazio alla tua creatività.

Come vedi la comunicazione è il collante che tiene insieme l'intera attività di network marketing.
Quando è chiara, autentica e orientata ai bisogni degli altri diventa fondamentale per costruire relazioni, vendere prodotti o servizi e costruire un team di distributori di successo.
Investire nello sviluppo delle tue abilità comunicative può fare una grande differenza nel tuo successo nel network marketing.

Valuta la tua Comunicazione

Misurare la propria comunicazione è importante per valutare l'efficacia delle tue interazioni e apportare eventuali miglioramenti. Ecco alcune strategie per misurare la tua comunicazione:

Feedback diretto:
chiedi feedback a coloro con cui comunichi, come clienti, colleghi o membri del tuo team. Domande come "Come ho comunicato?" o "C'è qualcosa che avrei potuto fare meglio?" possono aiutarti a ottenere opinioni preziose.

Obiettivi specifici:
prima di iniziare una comunicazione, stabilisci obiettivi chiari su ciò che vuoi ottenere. Ad esempio, se stai presentando un prodotto, l'obiettivo potrebbe essere quello di convincere il cliente a effettuare un acquisto. Puoi quindi misurare il successo in base a quanti clienti hanno effettivamente acquistato.

Risultati misurabili:
usa metriche concrete per valutare i risultati della tua comunicazione. Ad esempio, se stai promuovendo un prodotto online, puoi monitorare il numero di clic sul tuo annuncio o il tasso di conversione degli utenti.

Analisi dei dati:
utilizza strumenti di analisi o software per raccogliere dati sulla tua comunicazione. Ad esempio, se gestisci un sito web, puoi utilizzare Google Analytics per tracciare il comportamento degli utenti e valutare quali pagine o contenuti generano più interazioni.

Surveys e questionari:
chiedi ai tuoi interlocutori di compilare surveys o questionari anonimi per valutare la tua comunicazione. Questo può fornire feedback dettagliati e obiettivi.

Confronto con gli obiettivi:
confronta i risultati ottenuti con gli obiettivi che hai stabilito in precedenza.
Se i risultati non corrispondono alle aspettative, puoi esaminare la tua comunicazione per identificare dove sono state le lacune.

Monitoraggio delle reazioni:
osserva le reazioni e le espressioni delle persone durante la tua comunicazione. Puoi notare segnali di interesse, confusione o disinteresse, che possono aiutarti a regolare il tuo approccio.

Test A/B:
se stai conducendo comunicazioni online, puoi utilizzare test A/B per confrontare due versioni diverse e vedere quale funziona meglio. Ad esempio, puoi testare due titoli diversi per un'email di marketing e vedere quale ottiene un tasso di apertura superiore.

Valutazione di terze parti:
chiedi a colleghi o esperti di valutare la tua comunicazione in base a criteri specifici. Le loro opinioni esterne possono offrire prospettive diverse.

Valutazione periodica:
effettua valutazioni periodiche della tua comunicazione per identificare tendenze o miglioramenti nel tempo. Ciò ti aiuta a continuare a perfezionare le tue abilità comunicative.

La misurazione della comunicazione è un processo continuo. Utilizza queste strategie per valutare la tua efficacia comunicativa e apportare miglioramenti costanti, adattandoti alle esigenze del tuo pubblico e agli obiettivi specifici che stai cercando di raggiungere

Analisi della mia Comunicazione

La PNL può essere di aiuto per diventare più performante nel network marketing?

Essa si concentra sulla comprensione di come le persone elaborano le informazioni, comunicano e influenzano il loro comportamento. Di seguito vediamo come la PNL potrebbe contribuire al tuo successo nel network marketing:

comunicazione efficace:

la PNL offre tecniche per migliorare la tua capacità di comunicare in modo chiaro e persuasivo. Imparare a utilizzare il linguaggio e il tono giusto può aiutarti a convincere potenziali clienti o distributori del valore dei tuoi prodotti o dell'opportunità di business.

Gestione delle emozioni:

può aiutarti a gestire lo stress, l'ansia e altre emozioni che potresti incontrare nel network marketing. Questo può permetterti di rimanere calmo e concentrato anche in situazioni stressanti.

Sviluppo delle relazioni:

comprende strategie per stabilire e mantenere relazioni positive. Nel network marketing, le relazioni solide con i tuoi contatti sono fondamentali per il successo.

Comprendere i bisogni del cliente:

può aiutarti a sviluppare la capacità di metterti nei panni dei tuoi clienti o distributori e di capire i loro bisogni e desideri. Questa comprensione può guidare la tua strategia di vendita e reclutamento.

Modellazione del successo:

uno dei concetti chiave della PNL è la modellazione, ossia l'apprendimento dalle abilità e dalle strategie delle persone di successo. Puoi utilizzare la PNL per studiare come i distributori di successo nel tuo team o nell'azienda lavorano e applicare tali modelli alla tua attività.

Sviluppo personale:

offre strumenti per migliorare la tua autostima, la tua fiducia e la tua mentalità positiva, che sono tutti importanti per il network marketing.

In definitiva la PNL è uno strumento che può migliorare le tue abilità e la tua comprensione, ma il successo nel network marketing richiede anche impegno, lavoro duro e una strategia ben ponderata.

Se sei interessato a utilizzare la PNL nel network marketing, considera di formarti con un esperto in PNL o di seguire corsi di formazione specifici per apprendere e applicare le tecniche in modo efficace. Inoltre, continua a educarti sulle best practices del network marketing e mantieni una mentalità aperta all'apprendimento continuo.

Quali altri modi ci sono per crescere professionalmente con la Comunicazione?

Ci sono molte strade diverse oltre la PNL che puoi percorrere per migliorare le tue abilità di comunicazione e crescere in questo ambito. Ecco alcuni percorsi e approcci che potrebbero essere utili per la tua crescita nella comunicazione:

Corsi di comunicazione:

partecipa a corsi di comunicazione offerti da istituti di formazione, università o organizzazioni specializzate. Questi corsi coprono una vasta gamma di argomenti, dalle abilità di presentazione alla comunicazione interpersonale.

Coaching di comunicazione:

lavora con un coach di comunicazione professionale che può fornirti feedback personalizzato e guidarti nello sviluppo delle tue abilità comunicative.

Scrittura creativa:

se desideri migliorare la tua comunicazione scritta, considera corsi di scrittura creativa. Questi corsi possono aiutarti a sviluppare la tua capacità di scrivere in modo chiaro, coinvolgente e persuasivo.

Improvvisazione teatrale:

la partecipazione a corsi di improvvisazione teatrale può aiutarti a sviluppare abilità di comunicazione spontanea, pensiero rapido e fiducia nell'esprimere idee.

Public speaking:

partecipare a corsi di public speaking può migliorare notevolmente le tue abilità di presentazione e di speaking in pubblico.

Lettura e studio:
leggi libri e risorse sulla comunicazione efficace. Ci sono molte opere di autori rinomati che trattano questo argomento.

Formazione online:
sfrutta le risorse online, come corsi su piattaforme come Coursera, Udemy o LinkedIn Learning, che offrono una vasta gamma di corsi sulla comunicazione.

Pratica attiva:
la pratica è fondamentale per migliorare le tue abilità di comunicazione. Cerca opportunità per applicare ciò che impari nella vita quotidiana, sia a livello personale che professionale.

Feedback:
chiedi feedback regolarmente da parte di amici, colleghi o mentor. L'ascolto delle opinioni degli altri può fornire punti di vista preziosi per il tuo sviluppo.

Gruppi di studio o networking:
partecipa a gruppi di studio o networking in cui puoi condividere esperienze e conoscenze con altre persone interessate a migliorare la comunicazione.

Ricorda che migliorare la comunicazione è un processo continuo, e ogni persona ha punti di forza e debolezza diversi. Scegli gli approcci e i percorsi che meglio si adattano alle tue esigenze e obiettivi specifici e lavora costantemente per affinare le tue abilità comunicative.

E' sempre meglio all'inizio sfruttare tutto ciò che è gratis e si trova sia in rete (Youtube) e anche le formazioni dell'azienda con cui hai deciso di collaborare.

Quali sono le prime azioni da fare per diventare un/a networker?

Sicuramente è importante pianificare attentamente le tue prime azioni per mettere le basi per il successo.
Eccone alcune da considerare:

scegliere un'azienda affidabile(lo ripeto sempre)
La prima decisione cruciale è selezionare un'azienda di network marketing affidabile e rispettabile. Fai una ricerca approfondita per valutare la sua reputazione, i prodotti o servizi che offre e il piano di compensazione.

Investi tempo nella formazione. Impara tutto ciò che puoi sulla tua azienda, i suoi prodotti o servizi e il modello di business del network marketing. Partecipa a sessioni di formazione offerte dall'azienda o dal tuo team.

Definisci obiettivi chiari per la tua attività.
Che cosa vuoi raggiungere a breve e lungo termine?
Gli obiettivi ti daranno una direzione e una motivazione.

Studia il piano marketing dell'azienda in modo da comprendere come guadagnerai denaro e quali obiettivi dovrai raggiungere per ottenere il successo finanziario.

Sviluppa un piano dettagliato su come iniziare a costruire la tua rete. Questo potrebbe includere la creazione di una lista di contatti, la pianificazione di presentazioni dei prodotti/servizi o opportunità e la definizione di una strategia di reclutamento.

Inizia a costruire la tua rete di contatti. Inizia con amici, familiari e conoscenti, ma pensa anche a come espandere la tua rete in modo continuo e a livello internazionale.

Esercitati nella presentazione dei prodotti o dell'opportunità di business. La pratica ti aiuterà a diventare più sicuro e convincente nelle tue presentazioni, lo specchio è perfetto!

Non rimandare. Inizia a contattare le persone sulla tua lista ed a condividere con loro l'opportunità di business o i prodotti. Il primo passo è spesso il più difficile, ma è cruciale per iniziare a costruire la tua attività.

Dopo aver fatto il primo passo, fai il follow-up con le persone interessate. Il follow-up è spesso la chiave per convertire il loro interesse in azione.

Se hai un Team o un up-line, partecipa alle riunioni e agli eventi del team. Questi possono offrirti supporto, ispirazione e opportunità di apprendimento.

Tieniti aggiornato/a sulle novità dell'azienda, sui prodotti o servizi e sulle strategie di marketing. La conoscenza è potere nel network marketing.

Mantieni una mentalità positiva e resiliente. Nel network marketing, potresti incontrare ostacoli, ma una mentalità positiva ti aiuterà a superarli.

Ricorda che il network marketing richiede tempo, impegno e costanza. Non aspettarti di ottenere risultati immediati, ma sii costante nei tuoi sforzi e aperto/a all'apprendimento continuo. Con il tempo e la dedizione, puoi costruire una solida attività nel network marketing.

Quanto è importante conoscere il prodotto/servizio nel network marketing?

Conoscere il prodotto/servizio nel network marketing è estremamente importante e può fare la differenza tra il successo e il fallimento nella tua attività. Ecco perché la sua conoscenza è cruciale;

Credibilità:
quando conosci a fondo ciò che stai promuovendo, aumenti la tua credibilità agli occhi dei tuoi potenziali clienti e distributori. Puoi rispondere alle loro domande in modo competente e dimostrare che sei la prima persona ad avere fiducia su ciò che proponi.

Presentazione efficace:
la conoscenza dettagliata ti consente di presentarlo in modo convincente. Puoi evidenziare i vantaggi, le caratteristiche e i benefici in modo chiaro e persuasivo.

Risposta alle obiezioni:
quando conosci bene il prodotto/servizio, sei in grado di affrontare le obiezioni dei clienti o dei distributori in modo efficace. Puoi fornire informazioni accurate e rassicuranti per superare dubbi o preoccupazioni.

Creazione di valore:
la tua capacità di comunicare il valore del prodotto/servizio è fondamentale per convincere le persone a comprarlo o aderire all'opportunità di business. La conoscenza ti aiuta a mostrare come il prodotto/servizio può soddisfare le esigenze o risolvere i problemi dei tuoi potenziali clienti.

Guida e supporto:
quando recluti nuovi colleghi nel tuo team, la tua conoscenza del prodotto/servizio ti permette di essere una guida efficace. Puoi insegnare loro come utilizzare e far utilizzare il prodotto/servizio correttamente e ottenere risultati positivi.

Differenziazione:
nel network marketing, i distributori promuovono lo stesso prodotto o la stessa azienda.
Come fai a diventare vincente? La tua conoscenza del prodotto può aiutarti a differenziarti dalla concorrenza attraverso una presentazione più informata e professionale.

Passione e fiducia:
quando conosci e credi nel prodotto/servizio, trasmetti passione e fiducia. Queste emozioni possono essere contagiose e ispirare altri a seguirti.

Per acquisire una conoscenza approfondita del prodotto/servizio prenditi il tempo per studiarlo, utilizzalo e se hai domande rivolgiti all'azienda o al tuo up-line. Partecipa alle sessioni di formazione dedicate al prodotto e continua a educarti sulle nuove funzionalità o miglioramenti. La tua preparazione è uno dei tuoi asset più importanti, quindi investi tempo ed energie per svilupparla.

"Conoscere il prodotto/servizio in modo approfondito mi ha sempre permesso di vendere senza parlare di prezzo o chiudere senza pensare a come fare la chiusura!"

il Pregiudizio

Voglio raccontarti una storia....era il 1990

Avevo 25 anni, ero proprietario di un negozio di giocattoli e per attirare più clienti ed incentivare cosi le vendite decisi di mettere la fotocopiatrice per offrire un servizio in più.
Chiamai diverse aziende che puntualmente mi mandarono i loro rappresentanti per farmi la vendita.

"il pregiudizio"

Una mattina entrò un ragazzo un po strano, occhiali spessi come il fondo di bottiglia, vestito come un nerd (studiosi che non badano a ciò che indossano sia nello stile che nell'abbinamento dei colori).
Quando parlava gli partiva qualche schizzetto di saliva, insomma sicuramente non mi fece una grande impressione.
Nella mia mente si era già prefigurata la scena finale: ti ringrazio e ti farò sapere, per poi non chiamarlo più.

"l'epilogo"

Si presentò eclissandosi subito, ma ponendo l'attenzione figurativa su un depliant della fotocopiatrice,
poi mi chiese subito se conoscevo l'azienda che rappresentava, gli risposi no e da quel momento accese la magia,
Cominciò a illustrare l'azienda nella sua grandezza costruita nel tempo grazie alla qualità dei suoi prodotti, illustrò l'espansione in altri paesi esteri grazie ai servizi per il cliente, offri come fossero ostriche sul piatto, le agevolazioni sui pagamenti ed infine mi propose, come dolce, la fotocopiatrice con tutte le sue caratteristiche ed utilizzi con annessi i possibili ricavi!
Comprai ...mi ritrovai a firmare il contratto.
dove era finito quell'esserino con occhialoni e sputacchietti?
Non lo so, ma lo stimai, ne stimai la professionalità, la competenza, l'assertività (non ha mai mollato il suo intento) e l'umiltà di fare il miglior lavoro! Da quel momento ho iniziato a copiare la sua tecnica!!
Chapò

Quanto è importante conoscere in modo approfondito il piano marketing dell'azienda di network che hai scelto?

E' estremamente importante:

Comprendere appieno il piano marketing ti permette di massimizzare le tue entrate. Sai come guadagni denaro attraverso le vendite dirette, il reclutamento di nuovi distributori e gli incentivi o i bonus offerti dal piano.

La conoscenza del piano ti aiuta a pianificare finanziariamente la tua attività. Puoi stabilire obiettivi finanziari realistici e pianificare come raggiungerli utilizzando il piano marketing.

Conoscere i dettagli del piano marketing ti consente di sviluppare strategie di reclutamento più efficaci. Sai quali livelli o obiettivi i tuoi potenziali distributori devono raggiungere per ottenere determinati benefici, e puoi comunicare queste opportunità in modo chiaro.

Se stai costruendo un team di distributori, puoi utilizzare la tua conoscenza del piano marketing per formare e guidare il tuo team. Sai quali passi devono compiere per avere successo e puoi supportarli in modo mirato.

Comprendere le opportunità di guadagno offerte dal piano marketing può motivare te e il tuo team. Sapete quali ricompense attendono coloro che lavorano diligentemente per raggiungere gli obiettivi stabiliti.

Questa è una competenza che devi assolutamente avere te e tutto il tuo Team,

Una conoscenza dettagliata aiuta a prevenire fraintendimenti o aspettative irrealistiche tra te, il tuo team e i tuoi potenziali distributori.

Essere trasparenti sulla struttura di guadagno e sulle opportunità offerte dall'azienda contribuisce alla fiducia tra te e i tuoi collaboratori.

La comprensione del piano ti permette di adattare la tua strategia in base alle variazioni del mercato o delle politiche aziendali. Puoi sfruttare al massimo le nuove opportunità o affrontare le sfide in modo proattivo.

Ti serve per guidare la tua attività in modo efficace e massimizzare il tuo potenziale di guadagno. Assicurati di studiare attentamente il piano, porre domande all'azienda o al tuo upline se hai dubbi e continua a educarti sulle dinamiche del network marketing per avere successo.

Puoi pensare di raggiungere la cima della montagna senza conoscerne i sentieri?

L'importanza di conoscere la Company Policy della tua Azienda

Perchè la Company Policy è cosi importante nell'attività di un networker?
Cosa c'è scritto che la rende preziosa?

Dentro trovi : tutte le spiegazioni delle qualifiche,

tutte le spiegazioni per le provvigioni del Piano Marketing,

tutte le regole etiche dello svolgimento dell'attività,

tutte le regole per il lavoro online,

tutte le procedure per le problematiche di sponsorizzazione,

tutte le spiegazioni degli incentivi nazionali ed internazionali,

e le regole dell'Avedisco,

In definitiva è l'ABC della tua Casa Madre e non puoi non conoscerla.
Un/a Networker che vuole diventare un professionista del settore deve assolutamente conoscere la Company Policy della sua Azienda!

La Mission Aziendale

La mission aziendale è una dichiarazione che definisce il motivo per cui un'azienda esiste, la sua ragion d'essere.
Serve come guida per l'intera organizzazione, delineando gli obiettivi fondamentali, i valori, la cultura e la direzione strategica dell'azienda.

E' un pilastro fondamentale per l'identità e la strategia di un'azienda.

Serve a comunicare chiaramente gli obiettivi e i valori dell'azienda a tutte le parti interessate.

Se un Azienda non ha una mission ben delineata allora stagli alla larga semplicemente perchè hanno intenti poco chiari.

Negli anni ho visto persone riempirsi la bocca con la Mission aziendale imparata a memoria e poi sono stati i primi a lasciare,

Non impararla a memoria ma capiscine il significato e fallo tuo!

Programmazione della tua Attivita'

Come ho già detto tutte le Aziende che si rispettano anche l'Azienda che stai creando ha bisogno di una programmazione per la creazione di profitti e della crescita di qualifiche nel piano marketing.
Chi non fa un programma di lavoro nel network non va da nessuna parte.
Quale è il modo migliore di programmare il lavoro nel network?
Semplice, guarda la prima qualifica,
Vedi come si compone nella company policy, creati i tuoi primi nomi da contattare e poi Agisci.
Questo modus operandi lo ripeti per ogni qualifica e al suo raggiungimento stabilisci il nuovo obiettivo!
Fin qui tutto facile, ma nel network devi avere la Visione d'insieme (i famosi puntini) perchè ad un certo punto la qualifica successiva dipende anche dal lavoro svolto dalle tue down-line.
Perciò si cominciano ad adottare sistemi di monitoraggio e controllo giornalmente, settimanalmente, mensilmente e trimestralmente.
Vedi come i tuoi traguardi vengono raggiunti grazie alla sommatoria dei traguardi delle tue down-line, ecco perchè è importante che ci sia una buona duplicazione del sistema di lavoro!
Per questo io ho sempre usato il cartellone e ho insegnato alle mie down-line di utilizzare il cartellone.
Con questo strumento puoi monitorare la tua crescita mese per mese, la composizione del tuo lavoro, vedi come prendono corpo gli obiettivi che ti sei preposto/a (inserisci i punti che devi fare) sia mensilmente che annualmente.
Grazie a questo strumento puoi aiutare le tue down-line dove sono più deboli, insomma, grazie al cartellone non lasci niente al caso!
Il cartellone deve essere un vero e proprio cartellone da attaccare a casa nel punto più visibile!.
Se vuoi avere il Successo che ti meriti il Monitoraggio e controllo deve essere la tua priorità !

	punti miei	punti downline	punti incentivo 1	punti viaggio	punti qualifica
Gennaio					
Febbraio					
Marzo					
Aprile					
Maggio					
Giugno					

Obiettivo del mese di ....
Obiettivo del mese di ....
Obiettivo del mese di ....
Obiettivo del mese di ....
Obiettivo del mese di ....
Obiettivo del mese di ....

Crea un cartellone di 12 mesi o due da 6 mesi, importante è che cominci con la visione di un anno di lavoro davanti a te!

L'amica del Cartellone

L'agenda!

Non puoi pensare di iniziare a fare network senza possedere un agenda.
Non regge neanche il discorso:
"vabbè sto a ottobre , la compro nuova a gennaio"

i 7€ che investi per un agenda anche solo per due mesi o tre mesi ti ripagheranno alla grande!

Si , sono sicuro che tu sai tenere tutto in testa e non ti scordi nulla, ma ogni momento devi stare li a ricordare ma si sà che mentre ricordi non puoi pensare ad altro.
Chi fa network è un vulcano di idee e dinamismo e l'ultima cosa al mondo che vuole fare è perdere tempo a ricordare gli appuntamenti dove, quando, a che ora e con chi, giusto?

Detto questo, quale agenda ?
sicuramente Agenda settimanale,

Quando la apri hai tutta la settimana davanti , ogni giorno puoi scrivere(scrivi sempre a matita) i tuoi appuntamenti ed eventi cosi in modo da avere la tua attività sempre sotto controllo.

la trovi
su Amazon

Come insegnare a programmare alle proprie downline

Sicuramente alla tua down-line farà bene acquistare questa guida ma tu devi sentirti sempre responsabile della loro crescita, se loro crescono tu cresci, la tua struttura cresce e i guadagni diventano importanti per tutti e il Successo è assicurato.
Perciò imparare a fare la propria programmazione e poi saperla insegnare è fondamentale.
Per questo ti elenco la serie di azioni che sevono in fase di programmazione, sia per te che per le tue down-line:
1) acquista un cartellone bianco, più è grande meglio è,

2) identifica dove attaccarlo, deve essere sempre a vista, sarà la cosa più importante per i prossimi 12 mesi,

3) copia il cartellone e aggiungi ciò che ti interessa

4) scrivi a matita le tue previsioni di crescita e chiusura obiettivi cosi puoi monitorare mese per mese l'andamento e rettificare se c'è bisogno,

5) renditi disponibile per fare la formazione ai tuoi sul cartellone, è importante per la tua e la loro crescita,

6) ogni chiusura mese devi aggiornare immediatamente il cartellone e lo devono fare anche i tuoi,

7) condividi e gratifica il risultato raggiunto da ognuno.

La Verifica

La verifica del lavoro svolto è estremamente importante per la crescita e il successo di un team in qualsiasi contesto, compreso il network marketing.

Ecco perché è cruciale:

la verifica del lavoro consente di valutare le prestazioni individuali e del team. Questa valutazione aiuta a identificare punti di forza e debolezza e a prendere decisioni inportanti per migliorare.

Fornire feedback sul lavoro svolto è fondamentale per aiutare i membri del team a comprendere cosa stanno facendo bene e dove possono migliorare. Questo feedback contribuisce a sviluppare le abilità e a ottimizzare le strategie.
La verifica del lavoro aiuta a garantire che tutti i membri del team siano allineati sugli obiettivi comuni. Questo evita fraintendimenti e assicura che tutti lavorino insieme per raggiungere gli stessi risultati desiderati.

Sapere che il proprio lavoro viene valutato e riconosciuto può motivare i membri del team a dare il massimo. Questo aumenta l'energia e l'entusiasmo nel perseguire gli obiettivi.

La verifica del lavoro fornisce informazioni utili per affrontare le sfide in modo tempestivo. Se qualcosa non sta funzionando, il team o il singolo, può apportare correzioni e adattarsi alle circostanze in evoluzione. Questo significa stare sempre in verifica!!!

Quando i membri del team vedono che il loro lavoro è riconosciuto e valutato in modo equo, si sviluppa la fiducia reciproca.
La fiducia è fondamentale per la collaborazione e il successo del team.

In sintesi la verifica del lavoro svolto è un elemento chiave per guidare la crescita del team, migliorare le prestazioni e raggiungere gli obiettivi stabiliti.

La gratificazione

Ho visto grandi Team distrutti perchè la loro Upline non sapeva gratificare e di rimando non insegnava a gratificare.
La gratificazione all'interno di un team ha un valore significativo e può influenzare positivamente la dinamica di gruppo e le prestazioni complessive.

Le gratificazioni, come riconoscimenti, elogi o premi, possono motivare i membri del team a dare il massimo. Questo stimola l'impegno e l'entusiasmo per raggiungere gli obiettivi.

Quando i membri del team si sentono gratificati e riconosciuti per il loro contributo, si sviluppa un senso di appartenenza e coesione. Questo può migliorare la collaborazione e la comunicazione all'interno del team.
Le gratificazioni possono essere utilizzate per rafforzare i comportamenti positivi e le abilità desiderate.

La gratificazione può contribuire a una maggiore soddisfazione professionale. Quando le persone si sentono apprezzate e ricompensate per il loro lavoro, tendono a essere più soddisfatte del loro ruolo.
Riconoscimenti e gratificazioni adeguati possono contribuire a ridurre lo stress all'interno del team. I membri del team si sentono meno sotto pressione quando sanno che il loro impegno è riconosciuto.
Le gratificazioni aiutano a trattenere i talenti all'interno dell'organizzazione o del team. Le persone tendono a rimanere dove si sentono apprezzate e gratificate per il loro lavoro.

Le obiezioni

Quando si comincia a fare l'attività di network il primo ostacolo da superare sono le obiezioni che le persone fanno quando gli esponiamo il prodotto o servizio.
in 20 anni ho sentito le cose più assurde, questa è il top!:
"Devo aspettare ad iscrivermi perchè mia moglie è incinta"
Sull'assurdità non c'è soluzione.
La gestione delle obiezioni è una parte essenziale del network marketing e di molte altre attività in cui devi convincere le persone a prendere una decisione o aderire a un'opportunità. Ecco alcuni suggerimenti su come gestire efficacemente le obiezioni:
Prima di rispondere a un'obiezione, **ascolta attentamente** ciò che la persona ha da dire. Cerca di capire le sue preoccupazioni e i motivi per cui sta esprimendo quella obiezione.
Ripeti ciò che hai sentito per confermare di aver compreso correttamente l'obiezione. Questo dimostra che stai prestando attenzione.
Mostra empatia verso le preoccupazioni della persona. Comprendere e rispettare le sue opinioni contribuirà a creare un rapporto di fiducia.
Spiega in modo chiaro e conciso i benefici o le soluzioni che il tuo prodotto, servizio o opportunità può offrire per superare l'obiezione. Usa dati concreti o testimonianze se possibile.
Rispondi direttamente all'obiezione sollevata. Evita di deviare dall'argomento o di ignorare l'obiezione.
Racconta storie di persone che hanno superato le stesse obiezioni e hanno ottenuto successo con il tuo prodotto o opportunità. Queste storie possono essere molto persuasive.
Se l'obiezione è valida, cerca di **offrire alternative o soluzioni** che possano soddisfare meglio la persona. Mostra flessibilità.
Anche se l'interazione diventa tesa, **rimani sempre calmo/a e cortese**. L'atteggiamento professionale può fare la differenza.
Alla fine, chiedi alla persona se la tua risposta ha risolto le sue obiezioni o se ci sono altre preoccupazioni che vuole discutere. Questo dimostra il tuo impegno per trovare una soluzione.
Personalmente ho eliminato le obiezioni utilizzando le mie tecniche di vendita che alla base hanno una grande preparazione sul prodotto/servizio.
Vuoi essere performante? allora Preparati!

Chi domanda comanda!

quante volte hai sentito questa frase?
Quanta importanza gli hai dato?
Sapere come fare domande efficaci è fondamentale in una trattativa di vendita. Le domande giocano un ruolo cruciale in diversi aspetti della vendita e offrono numerosi vantaggi:

le domande consentono di **scoprire** cosa sta cercando il cliente, quali sono le sue esigenze, i desideri e i problemi. Questo ti permette di adattare la tua offerta in modo specifico per soddisfare quelle esigenze.

Fare domande aperte e pertinenti può aiutarti a **stabilire** un rapporto di fiducia con il cliente. Dimostrano che ti interessa davvero ascoltarlo e capire le sue esigenze.

Fornire risposte alle domande poste dal cliente ti permette di **guidare** la conversazione in modo che si concentri sugli aspetti che ritieni più importanti per la vendita.

Le domande perciò possono aiutarti a **identificare** potenziali obiezioni in anticipo, consentendoti di affrontarle in modo pro-attivo.

Le risposte alle tue domande ti forniscono informazioni preziose per personalizzare **la tua proposta** in modo da rispondere alle esigenze specifiche del cliente.

Fare domande può aiutarti a portare il cliente alla **decisione** d'acquisto. Domande come "Vuoi procedere?" o "Quando vorresti ricevere il prodotto?" possono spingere il cliente a prendere una decisione.

Le domande possono anche aiutarti a raccogliere **informazioni** per il follow-up futuro, consentendoti di mantenere il contatto con il cliente e soddisfare ulteriori esigenze.

Fare domande ben ponderate dimostra che sei competente nel tuo settore e che conosci il tuo prodotto o servizio a fondo.

Allenati a fare domande

Questo è un mindset giornaliero, qualsiasi conversazione cominci fai sempre domande, il tuo intento è far aprire le persone, innescare la fiducia nei tuoi confronti e soprattutto raccogliere informazioni sulle abitudini che possono rivelarsi utili se hai intenzione di parlare del tuo prodotto/servizio.

Oggi più che mai le persone non vengono ascoltate, fallo diventare il tuo punto di forza, la tua arma vincente, che ti ripagherà con tante soddisfazioni, e ricordati questo ha lo stesso identico Valore sia nell'offline che nell'online.

Non scendere mai nei fatti personali, non fare mai domande che possono essere imbarazzanti o fuori luogo, le persone vogliono parlare di loro, delle loro problematiche, dei loro sogni, delle loro rinunce, tu ascoltale.

Non porti limiti, molte volte ho sentito incaricati che dicevano" non gli ho parlato di quel prodotto perchè costa molto e si stava lamentando dei soldi che non aveva"
Vero ma non è comune indicatore di povertà ma semplicemente di difficoltà che oltretutto può essere momentanea.

Non fare mai dei tuoi limiti i limiti degli altri e viceversa, il tuo asset mentale è **NO LIMITS!**
Proponi è il tuo Verbo!

Gestire il Team

Quando cominci a iscrivere un collaboratore inizi a costruire un Team.
Intanto cosa è un Team?
Il termine "Team" si riferisce a un gruppo di persone che lavorano insieme per raggiungere un obiettivo comune o obiettivi personali.
In un Team, i membri collaborano, coordinano le loro attività e combinano le proprie competenze e risorse per raggiungere il successo nella realizzazione di un progetto singolo o progetti comuni.

Da chi è composto il Team nel Network?
Semplicemente da un gruppo di persone che lavorano insieme per sviluppare e far crescere il loro business.

In questo contesto, la chiave per un Team di successo sono una collaborazione e comunicazione aperte ed efficaci condividendo obiettivi comuni.
I membri di un team contribuiscono con le proprie competenze, esperienze e punti di vista per raggiungere un risultato positivo.

Ecco perchè il tuo compito come Team Leader è quello di mettere in risalto le competenze e capacità di ogni componente se sono utili per la crescita professionale ed organizzativa di tutto il Team.

Team Leader?

certo, stai cominciando a radunare persone intorno a te, anche se con sogni diversi e motivazioni diverse ma hanno tutti una visione comune, il Successo personale.
Questo fa di te un/a Leader e tu costruirai Leader di Successo!

Diventare un Leader

Diventare un **Leader** significa assumere un ruolo di guida e influenza all'interno di un gruppo o di un'organizzazione. Questo ruolo comporta una serie di responsabilità e qualità distintive. Ecco alcuni degli aspetti chiave che caratterizzano un **Leader**:

egli deve avere una visione chiara e definire una direzione per il gruppo. Questa visione fornisce un obiettivo comune che il team può seguire.

Il Leader ispira gli altri con il suo esempio, determinazione e passione per il lavoro. Motiva il team a impegnarsi per raggiungere gli obiettivi.

Avere una comunicazione efficace è fondamentale per un **Leader**. Deve essere in grado di trasmettere idee, obiettivi e istruzioni in modo chiaro, coinvolgente e il modo più funzionale è l'esempio.

I Leader devono essere capaci di prendere decisioni difficili e ben ponderate quando necessario. Devono essere disposti a assumersi la responsabilità delle scelte fatte.

Sanno **delegare** compiti e responsabilità in modo equo ed efficace ed essenziale. Questo permette loro di concentrarsi sulle attività strategiche mentre il team gestisce le attività quotidiane.

Si preoccupano dello sviluppo e del benessere dei membri del team. Offrono supporto, opportunità di apprendimento e feedback costruttivo.

La coerenza e l'integrità sono qualità fondamentali dei leader. Devono agire in modo etico e coerente con i valori del gruppo o dell'organizzazione.

Ogni **Leader** dovrebbe avere una buona comprensione di sé stesso/a, comprese le proprie forze e debolezze. Questo può aiutare a migliorare le loro capacità di leadership.

Un **Leader** è tale quando è felice anche se una sua down-line trovi ispirazione in un altra persona per crescere di carriera.

Essere un **Leader** richiede un impegno costante per sviluppare queste competenze e qualità. Non c'è un solo stile di leadership che funzioni per tutti; i leader possono adottare approcci diversi in base alle esigenze del gruppo e delle situazioni.

Le Regole

In ogni comunità si creano delle regole affinchè ci sia rispetto ed educazione sullo svolgimento delle attività lavorative. Affronta questo argomento da subito, non te ne pentirai.
Le persone che si uniscono al team non sono dei dipendenti perciò vivranno il Team con i loro pregi e difetti.
Le regole inducono tutto il Team ad un comportamento rispettoso comune.
C'è la persona che parla poco ,non ride ma lavora molto,
la persona a cui piace chiacchierare degli altri,
c'è il giocherellone, la persona che si indispettisce subito e cosi via , tutti attirati da te ma non si conoscono e devono convivere nell'attività e addirittura collaborare.
Ecco perchè decidere delle regole basi con loro e aggiungerle mano mano che se ne percepisce l'esigenza è importante.
Ti dico le regole che ho sempre adottato:
ognuno è libero di seguire le formazioni di chi vuole,
ognuno deve essere preparato sui prodotti/ servizi,
ognuno deve preparare i suoi collaboratori sui prodotti/servizi,
ognuno deve mettersi a disposizione per fare formazione sulle sue soft skills e hard skills.
Se una persona si lamenta di un /a collega con un altro collega, quest'ultimo deve chiamare la persona criticata e avvisarla di chi gli sta facendo le critiche(niente triangolazioni per sempre)
tutti devono avere un programma di lavoro,
essere puntuali,
avere un abbigliamento consono all'evento in questione(formazioni, presentazioni, eventi, appuntamenti).
Le regole creano armonia e piacere di lavorare con la certezza di non perdere tempo.

Saper Delegare

Stiamo parlando della delega come processo mediante il quale un Leader assegna compiti, responsabilità o autorità a un'altra persona o a un gruppo di persone. In altre parole, è il trasferimento di alcune delle proprie responsabilità o compiti a qualcun altro, con l'obiettivo di distribuire il carico di lavoro, migliorare l'efficienza e consentire a tutti i membri di un team di contribuire e crescere professionalmente in modo significativo. Ma non riguarda solo la delega di compiti, può anche includere l'autorità necessaria per prendere decisioni in merito a tali compiti. Questo può variare da compiti di routine a decisioni più importanti come creazione di Eventi, Formazioni o Conferenze.

Anche se i compiti sono delegati, il responsabile rimane responsabile del risultato finale. Questo significa che il leader è responsabile di monitorare e valutare come vengono gestiti i compiti delegati e qualora ci sia una problematica egli deve trovare una soluzione.

La Delega funziona quando c'è alla base una comunicazione chiara e essenziale . Il leader deve spiegare chiaramente cosa si aspetta dalla persona o dal gruppo a cui sono stati delegati i compiti.

Anche se i compiti sono stati delegati, il leader può mantenere un certo grado di controllo e supervisione per assicurarsi che le cose procedano come previsto.

La delega non è dispensare ordini ma un'opportunità per lo sviluppo del team. Assegnando compiti più impegnativi, i membri del team possono acquisire nuove competenze e responsabilità.

La delega è una pratica importante nella gestione e nella leadership, poiché consente di sfruttare le capacità e le competenze dei membri del team in modo efficace, riducendo il carico di lavoro del leader e promuovendo lo sviluppo delle persone all'interno dell'organizzazione. Il saper Delegare è la marcia in più nel Lavoro del Networker che il commercio tradizionale non ha!

Aggregazione

ti piacerebbe far parte di un Team dove c'è spazio per il lavoro ma c'è anche il tempo per una chiacchierata e un caffè?

Ti piacerebbe far parte di un Team che organizza formazioni outdoor dove ci si diverte , si fa lavoro di squadra e soprattutto ci si conosce di più?

Ti piacerebbe partecipare con il tuo Team una volta al mese ad una pizzata tutti insieme ?

Ti piacerebbe essere chiamata/o dal tuo Leader insieme al tuo sponsor per una chiacchierata a tre per vedere come ti va il lavoro?

Ecco questo è il Compito di Aggregazione principale che un Leader deve fare!

Social no Social

Un Team può essere composto da persone social e da persone che lavorano offline,
può essere un problema per un Leader?
no , questa condizione rappresenta stabilità!

La vendita di un prodotto, di un servizio, di un idea si sviluppa nel mondo del commercio a 360 gradi sia online sia offline.

Un Leader insegna a chi lavora solo online, l'importanza di conoscere il mondo dell'offline e viceversa.
Certo è che nessuno dei due cambierà modo di lavorare, ma saranno pronti per qualsiasi evenienza.

Ricordiamoci i due anni di pandemia cosa hanno insegnato al mondo dell'offline, e ricordiamoci che dalla pandemia c'è un nuovo mondo dove il mix fra online e offline è plasmatico.

Stiamo assistendo ad una trasformazione del vecchio mondo che conosciamo ad un nuovo mondo che non sappiamo come sarà definitivamente perchè siamo tutti noi boomer, millennials e le nuove generazioni Z che lo stiamo metaformando ogni giorno!

Formazione

Un/a Leader ha il compito di assicurare formazione continua al suo Team.
Si parte da un minimo di 2 incontri al mese ad un massimo di 4 incontri al mese.
Gli incontri si devono basare sulle skills importanti e meno importanti che ogni collaboratore deve conoscere.
Non si fanno le formazioni a caso , si da una cadenza ben precisa che può essere scandita da ore dedicate al network, piano marketing, company policy, tecniche di vendita, colloquio di lavoro, etc o prodotto/servizio con tutte le peculiarità annesse.

Qui entra in campo la percezione del Leader che deve chiedere la condivisione del ruolo di relatore d'argomento con i membri del Team che si offriranno o spontaneamente o "spintaneamente" per relazionare .

E' altresi di primaria importanza partecipare alle formazioni della Azienda ed è molto importante anche organizzare una volta o due volte l'anno delle formazioni outdoor.

Ricorda: Impara, Insegna, Insegna ad insegnare.

o più semplicemente: se dedichi tempo ad insegnare ai tuoi collaboratori acquisirai più tempo per te,
se vuoi stare sempre al centro hai sbagliato lavoro.

Il Leader
e la gratificazione

E' il passaggio che ti differenzia come Leader!

Leader povero o Leader ricco?

Leader povero/a
invidia,
non fa complimenti,
da tutto per scontato
non riconosce,
ha preferenze,
mette sempre la sua persona al centro,

Leader ricco/a
ha contentezza nel successo degli altri,
è la prima persona a gratificare,
si ricorda sempre di te,
coglie sempre l'occasione di farti i complimenti davanti agli altri,
non dimentica nessuno,
e se succede ..chiede scusa,
mette gli altri avanti,

Ultime riflessioni

Ti lascio queste ultime righe perchè per me hanno fatto la differenza .

Ho da subito considerato questa Attività come un lavoro vero!

Sono stato consapevole che non avrei guadagnato tanti soldi all'inizio.

Ho capito da subito che i miei punti di riferimento erano quelli che già ce l'avevano fatta.

Come potevo arrivare in alto? il mio mantra nello sconforto era :
"Ce l'ha fatta lui allora ce la posso fare anche io!"

Ho curato il Team come ci si prende cura di una persona cara, formandoci insieme, divertendoci insieme, soffrendo insieme!

Ho sempre gratificato, anche per le piccole cose, per i piccoli Successi,
a me fanno piacere i riconoscimenti per il lavoro svolto perciò ne capisco il Valore,
Ricorda che non può esistere la Duplicazione perfetta perciò non perdere tempo a cercarla,
insegnare si ma dopo, ogni persona sarà speciale a se, troverai il gioiello da 500 punti al mese che sarà una persona speciale come quella che farà 50 punti al mese,
ma insieme saranno 550 ed è questo il valore!

Il mio Sponsor Francesco mi diceva sempre :
" te sei il miglior rappresentante di te stesso, vai a lavorà!"

E cosi è stato, ora diventa la migliore parte di te,
utilizza tutti i suggerimenti della guida,
leggila spesso e vedrai che ogni volta troverai qualcosa di nuovo!

*Sei arrivato/a fin qui , complimenti , significa che hai sete di imparare,
considera questa guida come un filo d'Arianna, dove non hai più quel senso di disorientamento in questa attività cosi semplice ma articolata.*

Ora hai la possibilità in modo facile e scorrevole di vedere se ogni giorno stai facendo bene.

il mio intento è farti risparmiare tempo!!!

*" Guadagnare il Tempo significa più tempo da dedicare a te e i tuoi cari e alle tue passioni"
Ecco perchè ho realizzato questa guida, semplicemente per darti modo di confrontarti sempre con le scelte ed i risultati che fai passo passo!
Immagina ora che tutto il tuo Team abbia questa guida…che potere di duplicazione! Quanto tempo guadagnato! Se ognuno la porta con se, può consultarla ogni volta che ha un dubbio lavorativo senza chiamarti ogni 5 minuti.
La definisco l'acceleratore di Attività!!!.*

Gianluca Caprasecca

*Ti ringrazio di aver fatto questo acquisto
e dato che la tua opinione
è importante per me scrivimi una recensione
che mi sarà utile come feedback.*

*Per qualsiasi domanda sulla guida
o sui corsi di formazione che faccio
o come acquistare il video corso
" Tecniche di Vendita",
puoi contattarmi
wapp 388897050
mail : gianlucacaprasecca@gmail.com*

*Grazie per avermi dato fiducia!
Buon lavoro!
Gianluca Caprasecca*

C'è chi Sogna

e c'è chi lavora

per realizzare i suoi sogni

Monica Riccio

Printed in Great Britain
by Amazon